ANGELIKA KI

FENSTERBILDER 2000

MOTIVE AUS TONKARTON

frechverlag

Von der bekannten Autorin Angelika Kipp sind im frechverlag zahlreiche weitere kreative Titel erschienen. Hier eine kleine Auswahl:

TOPP 2405

TOPP 2473

TOPP 2350

TOPP 2404

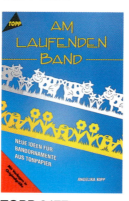

TOPP 2477

TOPP 2398

Zeichnungen: Berthold Kipp
Fotos: frechverlag GmbH + Co. Druck KG, 70499 Stuttgart;
Fotostudio Ullrich & Co., Renningen

Dieses Buch enthält:
2 Vorlagenbogen

Materialangaben und Arbeitshinweise in diesem Buch wurden von der Autorin und den Mitarbeitern des Verlags sorgfältig geprüft. Eine Garantie wird jedoch nicht übernommen. Autorin und Verlag können für eventuell auftretende Fehler oder Schäden nicht haftbar gemacht werden. Das Werk und die darin gezeigten Modelle sind urheberrechtlich geschützt. Die Vervielfältigung und Verbreitung ist, außer für private, nicht kommerzielle Zwecke, untersagt und wird zivil- und strafrechtlich verfolgt. Dies gilt insbesondere für eine Verbreitung des Werkes durch Film, Funk und Fernsehen, Fotokopien oder Videoaufzeichnungen sowie für eine gewerbliche Nutzung der gezeigten Modelle.

Auflage	5.	4.	3.	2.	1.	Letzte Zahlen
Jahr	2003	2002	2001	2000	1999	maßgebend

© 1999

ISBN 3-7724-2533-X · Best.-Nr. 2533

frechverlag GmbH + Co. Druck KG, 70499 Stuttgart
Druck: frechverlag GmbH + Co. Druck KG, 70499 Stuttgart

Das Jahr 2000 ist da!

Das dritte Jahrtausend bricht an! Dies ist ein Jahreswechsel, den man sicher nicht so schnell wieder vergisst. Wenn am **31.12.1999** um Mitternacht die Zeiger der Uhren die Zahl 12 berühren, dann erhellen Feuerwerkskörper die Nacht und Sektkorken fliegen durch die Lüfte. Überall wird fröhlich und ausgelassen bis zum frühen Morgen gefeiert. Schließlich ist es nicht jedem vergönnt eine Jahrtausendwende mitzuerleben.

Diese fantastische Zahl **2000** spielt in diesem Jahr an allen 365 Tagen eine große Rolle: Dekorationen, die diese Zahl aufgreifen, werden Sie überall erblicken.

Auch dieses aktuelle Buch bietet Ihnen eine Vielzahl von Anregungen, wie Sie Ihre Wohnung liebevoll schmücken können. Gäste sind im Jahr **2000** natürlich ganz besonders herzlich willkommen. Raketen an Ihren Fenstern begrüßen das neue Jahr und so manche lang ersehnte Bestellung wird vom Klapperstorch erledigt. Sogar die Clowns merken: Mit den Zahlen des neuen Jahres lässt sich ganz toll jonglieren! Auch im Tierreich wird gefeiert. Die kleinen Mäuschen trinken spritzigen Sekt und die Enten sind davon überzeugt: **2000** wird ein sehr herzliches Jahr werden. Ob Groß, ob Klein, ob Tier, ob Mensch; überall genießt und feiert man den Jahrtausendwechsel. Feiern Sie mit uns!

Ich wünsche Ihnen ein
erfolgreiches Jahr voller
Gesundheit und vieler kreativen Ideen.
Angelika Kipp

Arbeitsmaterial

- Tonkarton in verschiedenen Farben
- Evtl. Zahlen zum Aufkleben (in verschiedenen Größen)
- Transparentpapier
- Dünne Pappe
- Schwarzer und roter Filzstift
- Bleistift
- Anspitzer
- Weicher Radiergummi
- Lineal
- Evtl. Kreisschablone
- Bastelmesser (Cutter) mit geeigneter Schneideunterlage
- Schere
- Klebstoff, z. B. UHU Alleskleber
- Klebeband
- Locher
- Nähnadel
- Faden zum Aufhängen

Tipps und Tricks

Gestaltung des Motivs von der Vorder- und Rückseite
Ein frei hängendes Fensterbild sollte sowohl von der Vorder- als auch von der Rückseite gearbeitet werden. Hierzu benötigen Sie die meisten Teile in doppelter Ausführung. Die Teile werden nur spiegelbildlich, aber in der gleichen Reihenfolge wie auf der Vorderseite angeordnet.

Deckungsgleiches Aufmalen und Kleben
Die Rückseite sollte absolut deckungsgleich zur Vorderseite bemalt und geklebt werden, da heller Tonkarton durchscheint. Stellen Sie dazu die Vorderseite des Motivs komplett zusammen, dann drücken Sie die Bastelarbeiten bei Tageslicht mit der bereits fertigen Seite gegen eine Fensterscheibe. So scheinen alle Kanten und Linien durch - diese Teile werden auf der Rückseite deckungsgleich bemalt bzw. aufgeklebt.

Aufhängung
Es gibt verschiedene Möglichkeiten ein Fensterbild aufzuhängen. Sie können zwischen dem altbewährten Faden oder einem Klebeband wählen. Wenn Sie mit einem Faden arbeiten wollen, balancieren Sie das Motiv zwischen Daumen und Zeigefinger aus, bis Sie die richtige Stelle gefunden haben. Mit einer Nadel stechen Sie dann einige Millimeter vom Rand entfernt in den Tonkarton und ziehen den Faden durch. Je größer das Motiv ist, umso eher sollten Sie mit zwei Fäden arbeiten.

Motivhöhe
Damit Sie sich vorstellen können, wie groß das fertige Fensterbild ist, ist bei jeder Anleitung die Höhe des Motivs angegeben.

Schritt für Schritt erklärt

1. Legen Sie Transparentpapier auf das ausgewählte Motiv auf dem Vorlagenbogen und übertragen Sie mit einem Bleistift alle benötigten Einzelteile ohne Überschneidungen.

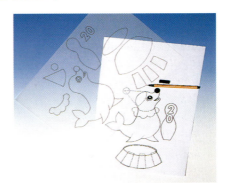

2. Kleben Sie das Transparentpapier mit den Zeichnungen auf eine dünne Pappe und schneiden Sie die Einzelteile sauber heraus. Fertig sind die Schablonen!
Mithilfe dieser Schablonen arbeiten Sie die benötigten Motivteile, indem Sie sie einfach auf Tonkarton der gewünschten Farbe legen, mit einem Bleistift umfahren und dann die einzelnen Teile ausschneiden.

3. Für das Aufzeichnen der Gesichter und der Innenlinien benötigen Sie einen schwarzen und je nach Motiv einen roten Filzstift. Fügen Sie die Einzelteile nach dem Bemalen zum Motiv zusammen - das Foto und die Vorlage geben Ihnen hierfür Positionierungshilfen.
Die Zahl 2000 können Sie ganz nach Wunsch aus Tonkarton aufkleben oder aufmalen. Die Vorlagen für diese Zahlen finden Sie auf den Vorlagenbogen.
Der Fachhandel bietet auch ausgestanzte Zahlen aus Tonkarton zum Aufkleben oder Zahlen zum Aufrubbeln an.

Wenn die Zeiger der Uhr am 31.12. um Mitternacht die 12 erreichen, knallen die Sektkorken und Feuerwerkskörper erhellen den dunklen Himmel.
Auch Sie können an Ihrem Fenster einige Raketen starten. Voraussetzung dafür ist, dass Sie dem Kind das Gesicht und alle gepunkteten Linien (siehe Vorlagenbogen) aufzeichnen.

Setzen Sie die drei Raketenteile zusammen und verschönern Sie sie mit den Sternen und der Jahreszahl. Jeder der Feuerwerkskörper erhält den zweiteiligen Feuerschweif.
Beim Kind fügen Sie die Kleidungsstücke zusammen und ergänzen von hinten das Handschuhpaar und den Schuh. Das Kopfteil wird auf dem Haar fixiert und am Körper befestigt.
Und nun geht's mit hoher Geschwindigkeit ab durch die Lüfte!

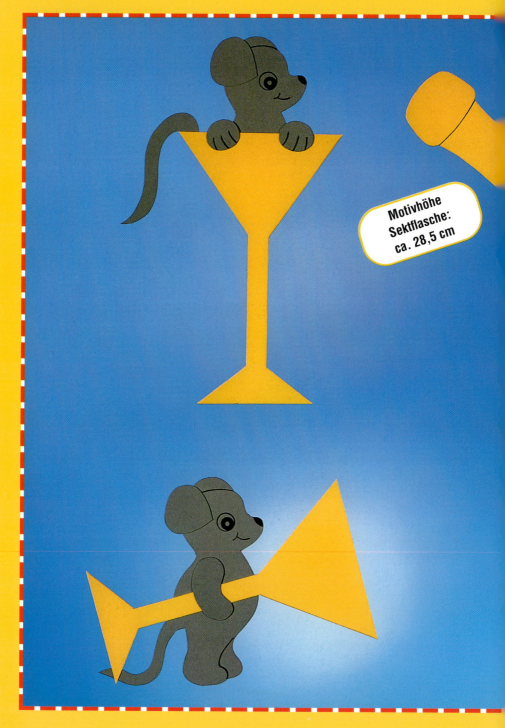

Prosit Neujahr!

Zum Jahreswechsel schmeckt ein bisschen Sekt einfach perfekt!
Zeichnen Sie den drei vergnügten Mäuschen das Gesicht und alle gepunkteten Linien (siehe Vorlagenbogen) auf. Die Mäuse erhalten ihr aufgesetztes Ohr und den Arm, mit dem sie ein Sektglas tragen. Ein Mäuschen setzen Sie in ein Glas. Seine Pfötchen werden von vorne, das Schwänzchen wird von hinten aufgesetzt. Die Sektflasche erhält ihr Etikett mit der Zahl 2000. Hier wurden selbstklebende Zahlen (Höhe ca. 2,8 cm) verwendet. Kleben Sie das obere Verschlussteil auf die Flasche.
Nun fehlt nur noch der prickelnd kühle Sekt. Wer öffnet die Flasche?

Anglerglück

Hier ist ein fetter Fang an die Angel gegangen. Das Jahr 2000 wird dem kleinen Bären sicherlich viel Anglerglück bescheren.
Zeichnen Sie dem Bären und den Fischen die Gesichter und alle gepunkteten Linien (siehe Vorlagenbogen) auf. Der Teddy trägt heute eine rote geflickte Hose und ein gelbes Hemd. Setzen Sie die rechte Pfote unter den Ärmel und platzieren Sie die zweiteilige Angel sowie das Tuch wie auf dem Foto. Das rechte Ohr wird aufgesetzt. Die Angel wird zwischen die zwei rechten Pfotenteile geklebt. An der Angel hängt ein ungewöhnlicher Fang: das Jahr 2000 kündigt sich an. Der Angler, der auf einer kleinen Landzunge steht, staunt nicht schlecht darüber. Zwei kleine Fische schmunzeln über das Anglerglück. Heute sind die beiden nochmal davongekommen.

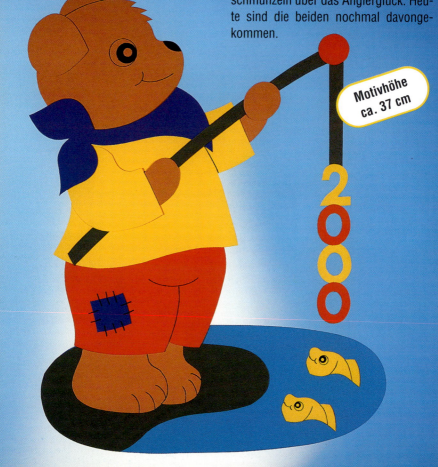

Motivhöhe ca. 37 cm

Auf ins neue Jahrtausend!

Auf, auf! Das neue Jahr 2000 liegt vor uns!
Der nette Bursche benötigt sein aufgemaltes Gesicht. Die gepunkteten Linien werden mit einem Filzstift aufgezeichnet (siehe Vorlagenbogen). Der Ärmel wird schwarz umrandet, damit er sich besser vom Hemd absetzt. Fügen Sie Hemd, Schal, Hose mit Flicken, Schuhe und Ärmel mit Hand zusammen, wobei die Hand vorher unter den Ärmel geklebt wird. Das lustige Gesicht wird von hinten fixiert. Anschließend werden die Haare samt Kappe ergänzt.

Montieren Sie das zweiteilige Rad an den Karren, der mit einer Blume verziert ist, und beladen Sie den Wagen mit der Jahreszahl. Wohl gelaunt schiebt der kesse Bursche den Karren über die Wiese.
Was mag das Jahr wohl für Überraschungen bringen?

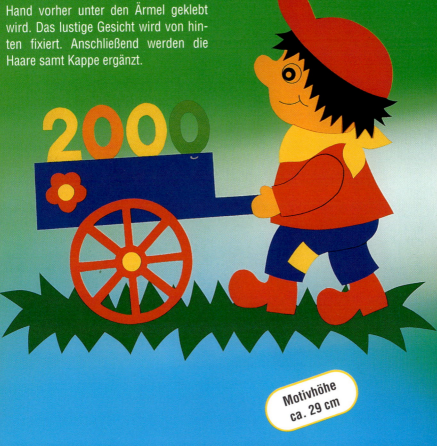

Motivhöhe ca. 29 cm

Mit den vier Zahlen des neuen Jahres kann man herrlich jonglieren!
Zeichnen Sie den beiden Akrobaten die Gesichter und alle gepunkteten Linien (siehe Vorlagenbogen) auf.

Clown stehend:
Das zusammengeklebte Gesicht wird auf das Haarteil gesetzt und der Hut mit den Pompons wird hinterklebt. Versehen Sie den mehrfach geflickten Anzug mit den Knöpfen und dem großen Kragen. Die zweiteiligen Hände, die mit den Zahlen spielen, sowie die Schuhe samt Strümpfe sind von hinten an den Anzug gesetzt.
Die aufgesetzten Schuhpunkte werden mithilfe eines Lochers ausgestanzt. Das Kopfteil wird auf dem Anzug fixiert. Die gelbe Null wird an der markierten Stelle eingeschnitten und wie auf dem Foto in die rote Null gehängt.

Kunterbunt

Motivhöhe ca. 37,5 cm

krobaten

Clown sitzend:
Kleben Sie die geflickte Hose mit den untergesetzten Schuhen auf das Hemdteil, das mit Flicken und Knöpfen versehen ist. Die aufgesetzten Schuhpunkte werden mithilfe eines Lochers ausgestanzt. Setzen Sie die Schuhspitze auf. Hosenträger mit aufgesetzten Knöpfen halten die Hose an ihrem Platz. Die jeweils zweiteiligen Hände, die die Zahlen halten, werden hinter das Hemd, der Kopf wird darauf geklebt. Vorsichtig jongliert der Clown eine Null auf dem Schuh; auf einer weiteren Null hat er Platz genommen.

Sicherlich ist so mancher Jonglierakt auch im Jahr 2000 nötig!

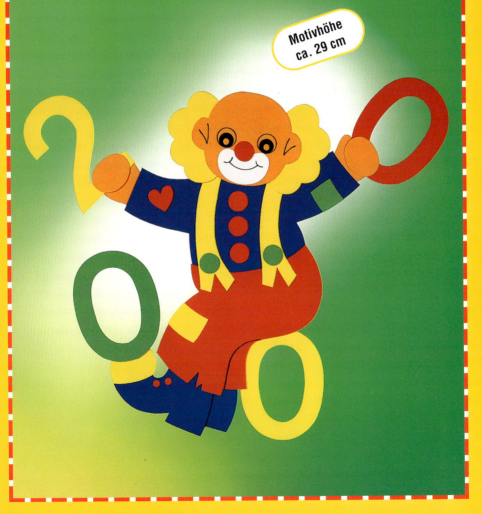

Motivhöhe ca. 29 cm

Gekonnt ist gekonnt!

Erstaunlich, was dieser kleine Seehund so alles auf seiner Nase balancieren kann!
Damit die Vorstellung auch an Ihrem Fenster beginnen kann, zeichnen Sie das Gesicht samt Nase und alle gepunkteten Linien (siehe Vorlagenbogen) auf. Das talentierte Tier erhält den Kragen und den Hut mit den bunten Pompons. Zum Jonglieren steigt es auf den bunten Hocker, der aus fünf Teilen besteht. Und nun bitte äußerste Konzentration: Der Kegel mit der Zahl 2000 darf nicht von der Nase fallen. Geschafft! Bitte Applaus!

Motivhöhe ca. 35 cm

2000 - ein Jahr mit Herz

Die beiden Enten heißen Sie herzlich willkommen im Jahr 2000!

Zeichnen Sie zunächst die Augen und alle gepunkteten Linien (siehe Vorlagenbogen) auf. Die Schnäbel mit dem aufgesetzten Band, die Schleifen und die Füße werden von vorn ergänzt, das Schleifenband mit dem Herzchenschild wird von hinten an den Schnäbeln fixiert.

Stellen Sie das Paar auf die mit Blumen geschmückte Wiese. Nun können alle den Willkommensgruß sehen. Die Zahl 2000 besteht hier aus selbstklebenden Zahlen (Höhe ca. 2,3 cm).

Achten Sie darauf, dass auf der Rückseite alles deckungsgleich aufgemalt und aufgeklebt ist, da helles Papier durchscheint (siehe dazu Tipps und Tricks, Seite 4).

Das Entenpaar wünscht ein herzliches Jahr 2000.

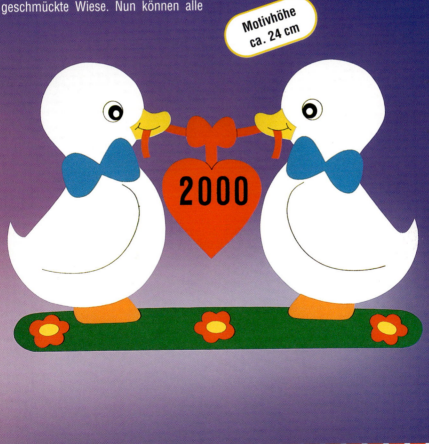

Motivhöhe ca. 24 cm

Mein Lieblingskäse

Voller Begeisterung hat die kleine Maus in ihren Lieblingskäse die neue Jahreszahl hineingefressen.
Bevor das kleine graue Tier in den Käse beißt, zeichnen Sie ihm das Auge und alle gepunkteten Linien (siehe Vorlagenbogen) auf. Ergänzen Sie das Ohrenpaar, die Nase, das Auge und die zweiteiligen Käselöcher. Die Pfoten sind einfach auf den Käse gesetzt.
Guten Appetit, kleine Maus!

Motivhöhe ca. 36 cm

Hallo, mein kleiner Freund!

Der große Elefant und der kleine Sänger scheinen sich gut zu verstehen. Sie freuen sich auf das neue Jahr.
Damit ihre Freundschaft weiter besteht, zeichnen Sie schnell die Augen, den Mund und alle gepunkteten Linien (siehe Vorlagenbogen) auf. Der Arm des Elefanten ist schwarz umrandet, damit er sich besser vom Körper trennt. Der Dickhäuter erhält sein Ohrenpaar und den zweiteiligen Schal. In der rechten Pfote hält er eine dreiteilige Blume. Befestigen Sie das Schild mit den Zahlen am Rüssel. Für die Jahreszahl wurden selbstklebende Zahlen (Höhe ca. 1,5 cm) verwendet. Das kleine Vögelchen, das auf der Rüsselspitze sitzt, gibt herrliche Töne von sich. Der Elefant und sein singender Freund haben es sich auf einem Stein, der auf einer Wiese liegt, bequem gemacht. Die kleinen Blümchen, die dort wachsen, sind mithilfe eines Lochers ausgestanzt.
Ob die beiden wohl gemeinsam Pläne für das Jahr 2000 schmieden?

Motivhöhe ca. 33,5 cm

2000

Hier sitze ich bequem!

Auf so vielen bauschigen Kissen sitzt man sicher sehr bequem und fühlt sich auch gleich viel größer.
Zeichnen Sie das Gesicht des Babys und alle gepunkteten Linien (siehe Vorlagenbogen) auf. Beim mittleren Kissen werden die weißen Streifen aufgeklebt. Erst dann wird die Linie aufgezeichnet. Stapeln Sie die drei Kissen übereinander. Das Baby trägt ein zweiteiliges Lätzchen mit der Zahl 2000. Hierfür wurden selbstklebende Zahlen (Höhe 1,3 cm) verwendet. Ergänzen Sie die Hände von hinten, das Kopfteil von vorn. Nun kann der kleine Kerl auf den aufeinander getürmten Kissen Platz nehmen.
Schaut mal, wie groß ich schon bin!

Motivhöhe ca. 31 cm

Ein neuer Erdenbürger

Motivhöhe ca. 30 cm

Auch im Jahr 2000 erblicken viele Babys das Licht der Welt.
Zeichnen Sie das Klapperstorchauge und alle gepunkteten Linien (siehe Vorlagenbogen) auf. Der Vogel erhält seinen Schnabel, die zweiteilige Mütze und das Beinpaar. Legen Sie das Neugeborene vorsichtig in das zweiteilige Tuch.

Mit dem wertvollen Bündel im Schnabel fliegt der Storch durch die sternenbesetzten Wolken. Für die Jahreszahl wurden selbstklebende Zahlen (Höhe 3 cm) verwendet.
Hoffentlich ist der Adressat auch zu Hause!

Gute Fahrt ins Jahr 2000

Herr Teddy hat sogar sein Autokennzeichen dem neuen Jahr angepasst.
Damit er starten kann, zeichnen Sie das Teddygesicht und alle gepunkteten Linien (siehe Vorlagenbogen) auf. Montieren Sie das Fahrzeug zusammen. Der Fahrer wird

hinter das Lenkrad gesetzt. Nachdem der Blumenstrauß auf den Beifahrersitz gelegt wurde, wird der gelbe Hintergrund ergänzt. Mit seinem Auto 2000 steuert Herr Teddy durch die Allee.
Weiterhin gute Fahrt!

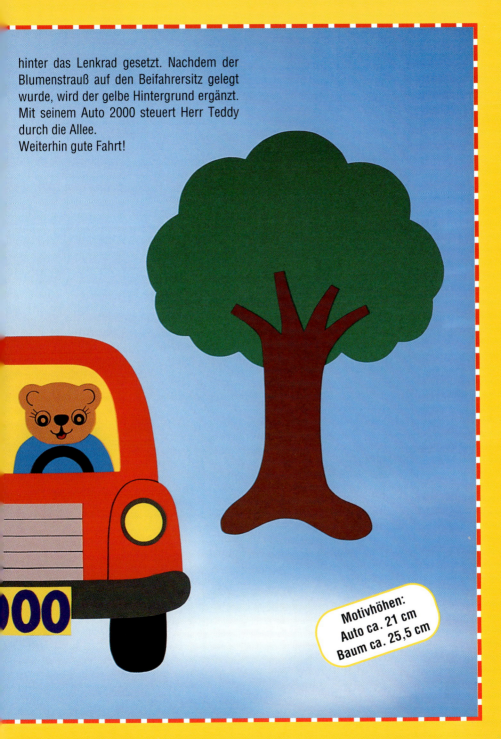

Motivhöhen:
Auto ca. 21 cm
Baum ca. 25,5 cm

Ich „fliege" auf das Jahr 2000!

Sogar Flugzeuge machen mit Transparenten auf das neue Jahr aufmerksam.
Zeichnen Sie dem Piloten das Gesicht und alle gepunkteten Linien (siehe Vorlagenbogen) auf. Der Arm ist schwarz umrandet, damit er sich besser vom Hemd absetzt. Montieren Sie die Einzelteile des Flugzeugs. Das Gesicht des Piloten wird auf dem Haarteil fixiert. Kleben Sie den Kopf und den linken Arm auf den Körper. Die rechte Hand wird von hinten befestigt.

Motivhöhe Flugzeug mit Kind: ca. 22 cm

Nun kann der Pilot im Flugzeug Platz nehmen. Das Transparent mit der Zahl 2000 wird an der Maschine befestigt. Das Flugzeug fliegt durch Wolkenfelder der Sonne entgegen.
Hier oben wird man sicherlich überall gesehen.

Bekanntmachung!

Schaut alle her: Das Jahr 2000 ist da! Damit jeder die Nachricht erhält, zeichnen Sie die Tieraugen, den Mützenpompon und alle gepunkteten Linien (siehe Vorlagenbogen) auf. Der agile Dalmatinerhund erhält sein Fleckenmuster, die Schnauze und die rote Kappe. In der Pfote trägt er ein zweiteiliges Transparent mit der Aufschrift „2000". Mit dem Transparent zieht er über die blumengeschmückte Wiese. Ein kleiner Vogel mit aufgesetztem Schnabel und Flügel ist sein treuer Wegbegleiter. Nun wissen bestimmt alle Bescheid!

Motivhöhe ca. 36,5 cm

Was darf's sein?

„Herr Ober: Bitte einmal das Jahr 2000!"

Um Ihre Bestellung aufnehmen zu können braucht der Ober sein Gesicht und alle gepunkteten Linien (siehe Vorlagenbogen), die aufgezeichnet werden. Der freundliche Teddy trägt heute eine rote Hose und ein blaues Hemd mit einer gelben Brusttasche.

Zu seinem Outfit gehören eine gelbe Fliege und ein gelbes Tuch, das er über seinem linken Arm trägt. Laut Bestellung serviert er Ihnen die Zahl 2000 auf einem Tablett.

Lassen Sie das neue Jahr auf der Zunge zergehen und genießen Sie es!

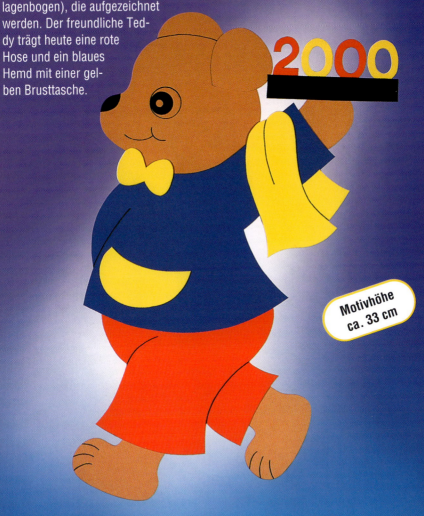

Motivhöhe ca. 33 cm

Fontänen für das neue Jahr

Mit einer großen Wasserfontäne begrüßt der Wal das neue Jahrtausend. Zeichnen Sie dem großen Meeressäuger sein schwarzes Maul, das Auge und das Luftloch auf. Die rote Zunge wird aufgeklebt. Auf der Wasserfontäne tanzt die Zahl 2000. Der Wal schwimmt auf den Wellen des blauen weiten Ozeans. Will noch jemand mitspielen?

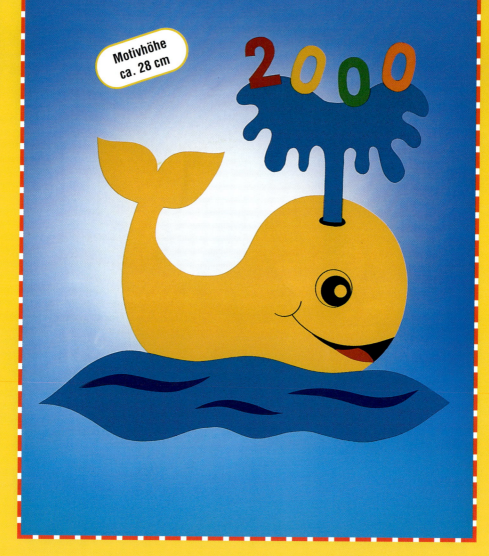

Motivhöhe ca. 28 cm

Herzlich willkommen!

Solch eine nette Einladung des kleinen Raben sollte man nicht ausschlagen.
Für dieses Willkommensschild brauchen Sie einen schwarzen Filzstift, mit dem Sie den Schriftzug, die Herzchen, das Rabenauge und alle gepunkteten Linien (siehe Vorlagenbogen) aufzeichnen. Der kleine Rabe erhält seinen Schnabel, die Kappe und den Schal von vorn, das Fußteil wird von hinten ergänzt. Fixieren Sie das Band der Luftballons wie auf dem Foto am Rabenschnabel und befestigen Sie die Ballons samt Zahlenaufschrift und Flicken darauf. Das Motiv wird in den roten Ring gesetzt.
Nun können die Besucher kommen!

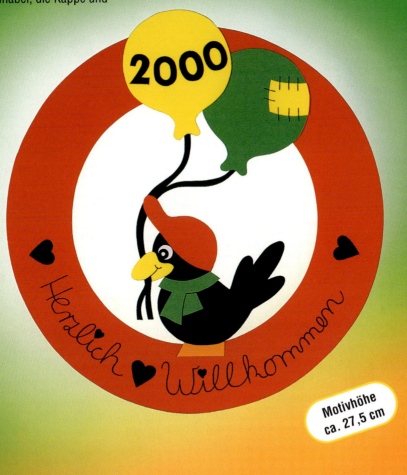

Motivhöhe ca. 27,5 cm

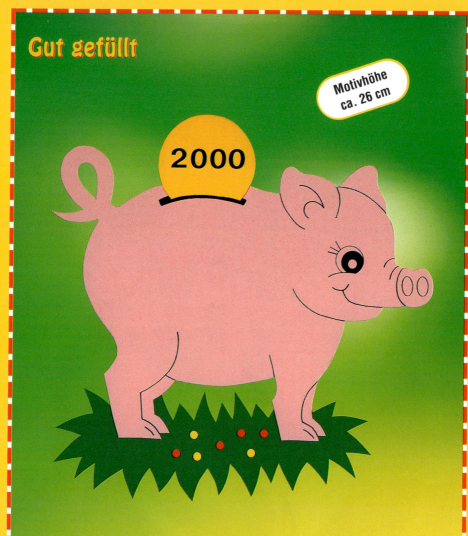

Gut gefüllt

Motivhöhe ca. 26 cm

Das Sparschweinchen freut sich: Sein Bauch ist prall gefüllt.
Zeichnen Sie dem rosafarbenen Tier sein Gesicht, den Schlitz und alle gepunkteten Linien (siehe Vorlagenbogen) auf. Ein Geldstück mit dem Aufdruck „2000" verschwindet im Schlitz. Für die Jahreszahl wurden selbstklebende Zahlen (Höhe 1,3 cm) verwendet. Hier auf der mit bunten Blumen verzierten Wiese fühlt sich das Tier besonders wohl. Die kleinen Blümchen werden mithilfe eines Lochers ausgestanzt.
Ich freue mich aufs neue Jahr, weil ich jetzt schon fleißig spar'.

Zieleinlauf ins neue Jahr

Das Igelpaar wartet schon am Zieleinlauf. Wann trifft das neue Jahr endlich ein?
Zeichnen Sie den Stacheltieren und dem Vogel die Gesichter und alle gepunkteten Linien (siehe Vorlagenbogen) auf. Die Igel bekommen ihr Stachelkleid von vorn, den hinteren Arm von hinten.

Zwischen den Pfotenteilen halten die Tiere die Stangen des Zieleinlaufs. Das Tuch mit der Zahl 2000 wird an den Stangen verknotet. Ein kleines Vögelchen mit einem aufgesetzten Flügel hat es sich dort bequem gemacht. Das Igelpaar steht auf einer mit Blumen geschmückten Wiese. Die Innenteile der unteren Blüten werden mithilfe eines Lochers ausgestanzt.
Und wenn das neue Jahr eintrifft, wird groß gefeiert!

Motivhöhe ca. 24,5 cm

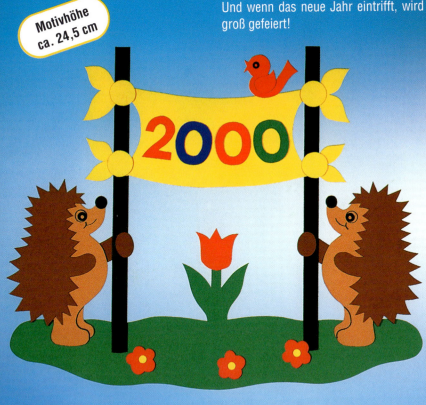

Jahreswechsel am Nachthimmel

Sogar der alte Herr Mond feiert am Nachthimmel die Jahrtausendwende.

Damit er mit seinen beiden Gästen ein paar schöne Stunden erleben kann, zeichnen Sie die Augen, die Vogelschnäbel und die gepunktete Linie (siehe Vorlagenbogen) auf. Zur Feier des Tages trägt der Mond eine zweiteilige Mütze, die mit Sternen besetzt ist. Die Zahl 2000, die ebenfalls mit kleinen Sternchen dekoriert ist, hängt am Mützenzipfel.

Die einzelnen Zahlen werden mit Fäden miteinander verknotet. Die beiden Vögel, die den Mond besuchen, erhalten ihre Schnäbel und die Augen von vorn, die Füße von hinten. Herr Mond, der oft allein ist, wenn er nachts am Himmel steht, freut sich sehr über solch seltenen Besuch.

Motivhöhe ca. 32 cm

Jahreswechsel am Südpol

Rund um den Globus feiert man das Jahr 2000 ganz groß. Selbst die Pinguine feiern dieses einmalige Ereignis!
Die Tiere im Frack benötigen ihr aufgemaltes Auge. Ergänzen Sie das schwarze Fellteil, den Schnabel und den Fuß von vorn. Eine zweiteilige Mütze schützt vor der eisigen Kälte. Die Zahl 2000 steht auf einer Eisfläche. Die einzelnen Nummern sind je mit einer Schneefläche beschneit.
Das neue Jahrtausend wird echt cool!

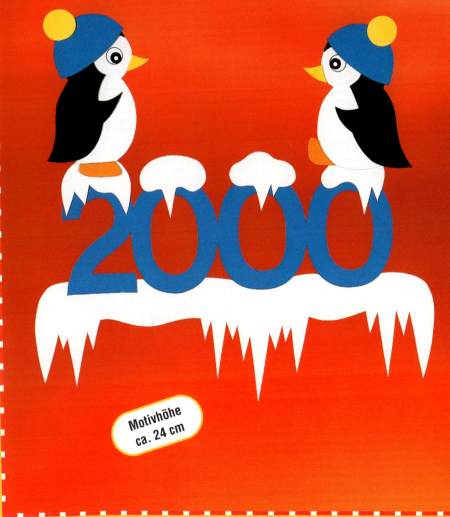

Motivhöhe ca. 24 cm

Das neue Jahr kommt ganz bestimmt!

Kaum zu glauben, wie schnell das Jahr 2000 zu Ende gegangen ist.
Bevor das alte Jahr vorbeigeht, zeichnen Sie den Schneemännern die Gesichter und alle gepunkteten Linien (siehe Vorlagenbogen) auf. Die linken Arme sind schwarz umrandet, damit sie sich besser vom weißen Körper absetzen. Jeder Mann erhält seine zusammengefügte Mütze, die Möhrennase und den wärmenden Schal. Platzieren Sie die Zahlen hinter bzw. auf dem Schlitten, den der eine Schneemann an der Schnur hinter sich herzieht. Ein zweiter Schneemann trägt bereits die Zahl 1 für das nächste Jahr unter dem Arm, um sie zu Silvester mit der herunterfallenden 0 auszutauschen.
Ein frohes neues Jahr!

Motivhöhe Schneemänner: ca. 26,5 cm